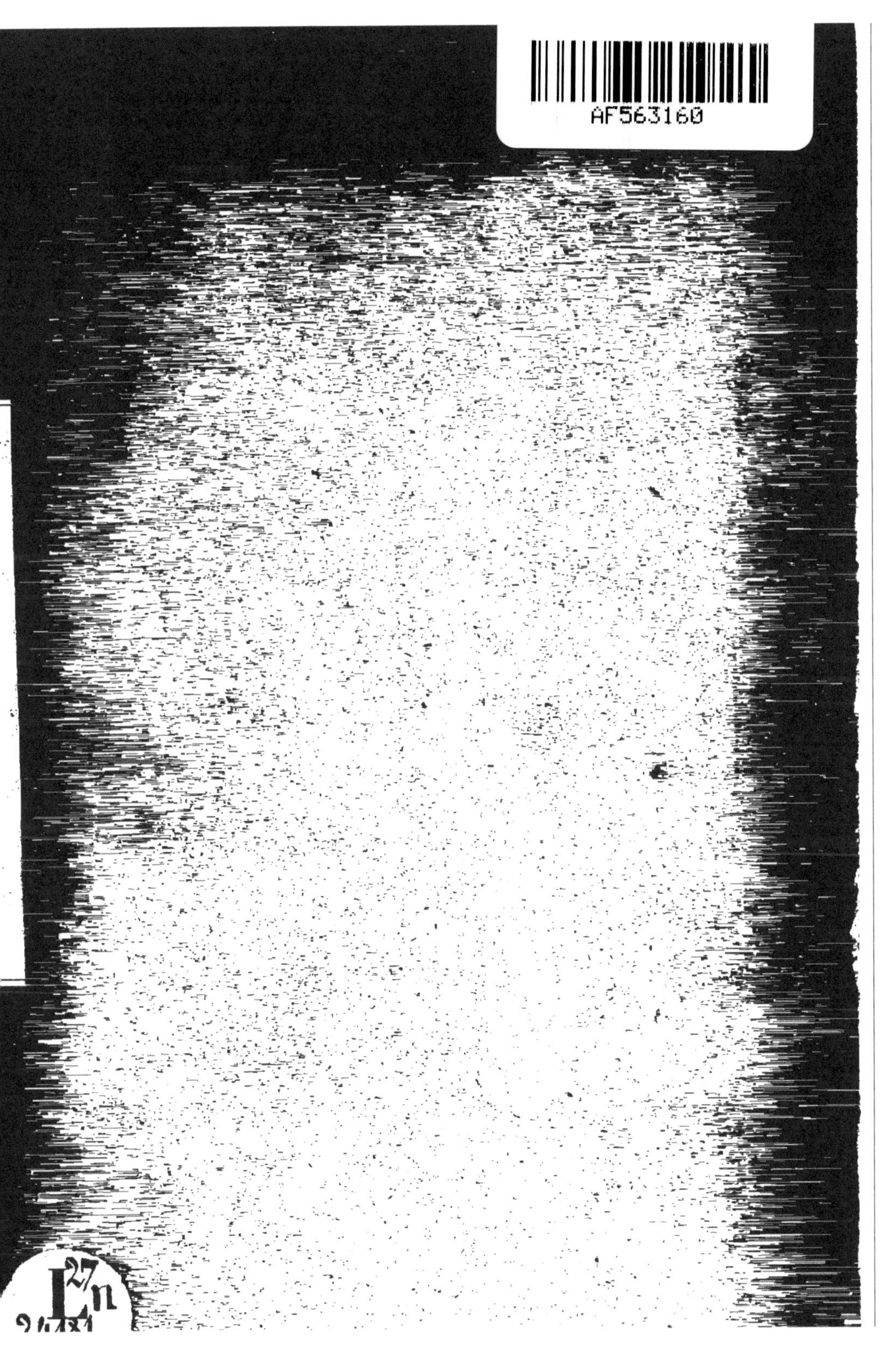

RIVEREAU

(PIERRE)

Chevalier de la Légion d'honneur

Ancien Sous-Préfet de l'arrondissement

DE

LOUDUN

Né à Martaizé, canton de Moncontour

le 29 mars 1797

Mort à Loudun (Vienne)

le 8 avril 1868

Dr LÉON DE LA TOURETTE

PARIS

TYPOGRAPHIE DE HENRI PLON

IMPRIMEUR DE L'EMPEREUR

RUE GARANCIÈRE, 8.

1868

RIVEREAU

(PIERRE)

Chevalier de la Légion d'honneur

Né à Martaizé le 29 mars 1797

Mort à Loudun le 8 avril 1868

Le journal de l'arrondissement de Loudun du 19 avril 1868, dans sa première colonne, réservée au mouvement de la population, à l'article Décès, inscrivait deux noms qu'aucune qualification ne distingue dans la liste des morts; cependant ceux qui les portèrent de leur vivant ont largement marqué leur place au milieu de leurs concitoyens. D'où vient une semblable indifférence, un aussi navrant oubli?

Le 8 avril était suivi du nom de *Rivereau* (*Pierre*), *soixante et onze ans;* le 10 avril marquait la date du décès de *de la Berrurière de Saint-Laon* (*Jules-Jean*), *quarante-six ans.*

Pour l'étranger aux mains duquel tombera le numéro de ce journal du 19 avril 1868, le souvenir de ces deux Loudunais n'éveillera à coup sûr aucun sentiment autre que l'indifférence; pour nous, enfant du pays, il fera revivre toute une époque dans le passé.

Le premier de ces hommes, en effet, fut la personnification de deux dates historiques, 1830, 1848. L'autre eut sa place marquée au milieu de la génération présente, et pouvait aspirer au premier rang dans l'avenir; ce fut lui peut-être qui eût recueilli cet héritage destiné à apaiser bien des haines, à réparer bien des maux, à effacer bien des navrants souvenirs.

Le jour où le convoi funèbre allait se mettre en marche pour accompagner à sa dernière demeure M. Rivereau, M. Jules de Saint-Laon succombait subitement à une longue et cruelle maladie.

Jusqu'à ce jour j'avais compté qu'une voix amie nous entretiendrait de ceux qui ne sont plus, qu'une plume loudunaise inscrirait un mot pour chacun au livre de la postérité.

Mais, hélas! mon attente fut vaine; le silence, ce compagnon fidèle de la mort, les escorta au cimetière, et depuis s'est assis près de leur tombe.

Qu'importe, en effet, dans le présent avili et découragé le souvenir du passé, la perspective de l'avenir! Personne n'ignore qu'à Loudun la jeunesse actuelle, depuis longtemps élevée sans initiative dans le foyer domestique, frappée d'incapacité dans la vie publique, — nulle, complétement nulle ou traitée comme telle, — travaille sans but, naît sans savoir comment, vit sans savoir pourquoi, entrant dans la vie comme dans des ténèbres profondes et redoutables, ayant perdu tout sens de la veille; quant au lendemain, qui ose l'entrevoir? Notre âme se rétrécit et s'aplatit sous le choc de la matière, nous perdons l'habitude de toute idée forte et sérieuse, victimes de l'égoïsme despote de la décrépitude qui râle et agonise. Le découragement déborde les honnêtes gens; leurs yeux comme leur esprit ont dû s'habituer au mal impuni, loué, encouragé, récompensé même par de puissants protecteurs. Aussi chaque jour le bien perd du terrain et s'efface, en butte aux vexations effrontées de toute nature. Il faut s'expatrier, capituler ou céder, en répétant tout bas, bien bas, cette maxime si vraie : *C'est avec l'âge qu'on devient absurde, la bêtise est un champignon qui ne pousse que sur les vieux troncs.*

La population tout entière, sans souci de ses intérêts, pour longtemps compromis, prend le temps comme il vient, s'y soumet aveuglément, murmure bien quelquefois, mais obéit toujours. Demandez au premier venu, riche comme pauvre, son opinion sur l'état pénible dans lequel nous vivons, la réponse est invariablement la même..... Et pourtant personne n'a le courage de réagir contre le courant qui nous entraîne et nous ruine.

Notre vieille bourgeoisie, dont la fortune, la générosité, l'affable savoir-vivre, avaient placé notre arrondissement au premier rang dans le département de la Vienne, disparaît avec une rapidité effrayante, emportant dans la tombe tout noble sentiment. Les fils dégénérés ne valent plus leurs pères; l'apathie, l'indifférence les domine, et me semble être la conséquence funeste de cette éducation de famille où l'on a appris, bien à tort, aux enfants à trop compter sur des revenus que les exigences toujours croissantes de la vie ont fini par rendre insuffisants pour tenir le rang qu'occupaient leurs ancêtres.

Une nouvelle bourgeoisie se forme bien, plus nombreuse et peut-être plus riche que celle qui s'éteint, c'est la bourgeoisie des campagnes; mais il faudra qu'une génération tout entière passe pour que son éducation soit achevée, et que cette opulence laborieusement acquise profite au luxe du pays, car ce n'est pas du soir au lendemain que l'équilibre se fait entre la fortune et celui qui la possède.

Et puis, il est une chose qu'il ne faut pas se dissimuler : pour que Loudun se repeuple de cette génération nouvelle, il faut ouvrir ses portes closes au progrès, et créer pour le nouvel arrivant des agréments qui lui fassent oublier ou lui compensent les avantages positifs qu'il est habitué à trouver dans la vie qu'il vient de quitter.

Or, je ne vois pas que nous soyons en ce sens dans la bonne voie. Depuis vingt années, un seul habitant étranger vivant de son patrimoine est venu se fixer au milieu de nous, parce que l'épouse qu'il y avait choisie le désirait. Ce nouveau voisin, afin de tenir un rang digne de sa fortune, se bâtit une confortable demeure où rien ne fut négligé; mais il ne tarda pas à s'apercevoir que l'existence que l'on mène à Loudun n'était pas capable de remplacer ce qu'il avait abandonné. La maison achevée fut close et laissée vide par ses propriétaires, qui n'y font que de très-rares apparitions; le salpêtre commence à ronger les murs, l'herbe pousse en liberté dans les cours et les jardins.....

Pourtant ceux qui aujourd'hui, à Loudun, gaspillent si effrontément le patrimoine d'une époque qui depuis bien long-temps n'est plus la leur, et dans laquelle leurs intérêts ne sont point engagés, devraient bien savoir qu'il n'est pas indispensable pour consacrer leur puissance — dont ils semblent cependant parfois douter — de tomber dans l'absurde. Ils devraient tous savoir, puisqu'ils ont l'expérience pour eux, que l'excès ne sert à rien, que la première des leçons c'est l'exemple, que nous respirons tous au moral comme au physique l'atmosphère commune au sein de laquelle nous sommes plongés, et quand c'est une atmosphère de dureté, d'arbitraire, de mensonge, de colère, de défiance, d'abrutissement, d'immoralité, il est impossible que nous y puisions des sentiments de vertu, d'intelligence, de confiance, de douceur, de vérité, de justice et de paix.

La vie de l'homme n'est qu'un moment de l'éternité. L'homme passe, et pourtant ses actions, bonnes ou mauvaises, restent gravées à la suite du temps, qui marche et ne s'arrête jamais; le caractère de chacun, son éducation, sa vie, son passé et son présent, ses passions et ses facultés, ses vertus et ses vices, toutes les parties de son âme et de son action laissent des traces indélébiles.

Un esprit aussi profond qu'observateur sagace a écrit :

L'humanité est soumise à trois servitudes : celle du corps, l'oisiveté; celle de l'esprit, l'ignorance; celle de l'âme, l'égoïsme. Or, ces trois servitudes, quelle large part n'ont-elles pas dans la vie des Loudunais actuels !

L'homme dont j'ai à parler aujourd'hui, loin d'en avoir été l'esclave, les a combattues toute sa vie; il appartenait, par sa jeunesse, à une époque de régénération, d'activité, de foi politique et morale où l'intérêt personnel était toujours sacrifié au bien public, belle époque où ceux qui marchaient à grands pas dans la voie du progrès unis par une noble communauté d'idées se soutenaient courageusement, certains de pouvoir compter les uns sur les autres aux moments difficiles; ils avaient la solidarité pour lien commun, le bien public comme base de leur union.

M. Rivereau (Pierre) naquit à Martaizé, canton de Moncontour, département de la Vienne, le 29 mars 1797.

Il commença ses études au collége communal de Loudun en 1806, et les termina au lycée de Poitiers en 1813.

Entré à la Faculté de droit de Poitiers en juillet 1814, il fut reçu licencié en avril 1818.

Inscrit au tableau des avocats du barreau de Loudun, M. Rivereau parut fort peu au palais; sa fortune lui permettait de consacrer ses loisirs à son étude favorite, l'histoire.

En 1823, M. Rivereau passe quatre mois en Italie.

En 1830, il visite l'Angleterre.

En 1832, il parcourt tout le nord de l'Espagne.

En 1834, il habite successivement Vienne, Prague, Berlin.

En 1839, il se rend de nouveau en Italie, où il fait la connaissance et se lie d'amitié avec une des célébrités du nouveau royaume, le sénateur Pannatoni.

En 1843, il voyage en Hollande et en Prusse.

En 1860, ses pérégrinations se terminent par l'Angleterre, où il se rend avec M. Letourneau, son compatriote, son ami.

Durant quinze années, M. Rivereau présida l'Association des instituteurs communaux de l'arrondissement de Loudun.

Pendant dix-huit ans, de 1830 à 1848, il fut conseiller municipal de la ville de Loudun.

Pour la première fois, M. Rivereau siége le 5 août 1837 au

conseil d'arrondissement de Loudun; il avait été élu quelques mois auparavant.

Le 17 avril 1848, il est nommé sous-préfet de l'arrondissement de Loudun, en remplacement de M. Grimault (Édouard), son neveu, délégué provisoire à la sous-préfecture depuis le 9 mars 1848.

Plusieurs fois M. Rivereau reçut l'offre d'une nomination de préfet; cette offre, il la refusa toujours.

Le 6 mai 1858, le *Moniteur* inscrivait le nom de M. Claudon comme sous-préfet aux lieu et place de celui de M. Rivereau, qui avait adressé au ministère une demande de retraite.

Le 7 mai 1858, M. Rivereau était nommé chevalier de la Légion d'honneur pour services nombreux rendus à l'administration.

Le rôle politique que joua à Loudun M. Rivereau, la position hors ligne qu'il sut se faire, la confiance qu'il sut inspirer à une époque pénible qui, grâce à lui, passa sur notre pays sans secousses violentes, son caractère franc et loyal, la justesse avec laquelle il sut toujours apprécier les hommes et les choses, en avaient fait pour moi une personnalité tranchée au milieu de la masse.

Sans avoir des rapports suivis avec M. Rivereau, il existait cependant une certaine intimité entre nous; je dois le dire ici, sa bienveillance si connue ne s'est jamais démentie un seul instant à mon égard.

Il était une promenade qu'affectionnait surtout M. Rivereau, et qu'il parcourait religieusement chaque jour entre son déjeuner et son dîner; à cette heure, à moins d'un très-mauvais temps, on était certain de le trouver faisant les cent pas sur la terrasse basse du château de Loudun. C'est là que j'avais l'habitude de chercher M. Rivereau lorsque j'avais quelques renseignements à lui demander sur le pays ou sur les événements auxquels il avait pris part; les promeneurs sont toujours fort rares sur ce point de la ville, nous pouvions donc y causer à l'aise sans crainte d'être importunés par les passants.

Grâce à ces entrevues, j'ai pu remonter à la source de certains événements fort obscurs pour moi, et j'ai pu reconstruire presque jour par jour la vie tout entière de ceux dont il me faudra souvent parler dans les travaux entrepris sur notre pays.

Le caractère officiel dont M. Rivereau avait été investi à Loudun m'a permis de rectifier bien des erreurs populaires sur les hommes et sur les choses.

Maintes fois, dans ces promenades, j'ai eu occasion de mettre à l'épreuve la mémoire prodigieuse dont M. Rivereau aimait à faire parade. Lui demandait-on l'âge d'une personne appartenant à la société loudunaise, il était bien rare qu'il ne vous donnât pas le quantième de l'année, du mois, du jour, et ceci sans presque chercher dans ses souvenirs; jamais, je dois l'avouer, je ne l'ai vu se tromper.

M. Rivereau était un type dans toute la force du mot, ainsi que je le disais plus haut; aussi est-ce sous cet aspect que je l'ai toujours considéré. Bon et serviable par caractère, si comme administrateur il n'a pas cherché à briller à un rang qui vous place dans une position hors ligne, du moins satisfait dans son ambition, modeste dans ses goûts, quand on lui proposa à plusieurs reprises les fonctions de préfet, il refusa toujours, ne demandant qu'à être utile à son pays; aussi sut-il remplir dignement le mandat qui lui avait été confié, et lorsqu'il abandonna son poste, il emporta dans la vie privée l'estime de tous ses concitoyens, sans même excepter de ce nombre ceux-là même qui s'étaient, par opinion politique ou par toute autre cause, posés vis-à-vis de lui en ennemis.

D'un esprit égal, toujours disposé à l'indulgence, il fut toujours prêt à pardonner à ceux mêmes qui l'avaient le plus cruellement attaqué.

Inaccessible à la haine, tout le temps que M. Rivereau fut sous-préfet, il se fit l'apôtre de la conciliation dans ses paroles aussi bien que dans ses actes. A une époque où la réaction, devenue toute-puissante, sévissait contre ceux que leurs idées avaient un moment placés au premier rang, M. Rivereau seul, par son courage et son énergie, sut détourner l'orage qui allait éclater et faire des victimes; il se porta garant de ceux qu'on lui avait désignés, prouvant dans cette circonstance que l'un de ses plus grands soucis était de mettre en pratique cette admirable maxime de Bossuet :

Administrer, c'est rendre la vie commode et les hommes heureux.

Personne n'a rendu de plus grands services à notre arrondissement, personne, il faut le dire, n'en fut plus mal récompensé.

Sans ennemis jusqu'au jour où il fut investi des fonctions de sous-préfet, il vit subitement se tourner contre lui d'abord ceux qui étaient jaloux de son élévation, ensuite la foule des ambitieux dont il n'avait pu satisfaire les demandes souvent stupides quand elles n'étaient pas exagérées.

Il n'existe pas, selon moi, d'homme qui ait eu affaire à un plus grand nombre de faux amis, qui ait été plus souvent et plus lâchement dénoncé; personne, à Loudun, n'a vu se dérouler devant ses yeux une collection plus complète et plus triste de lâches platitudes, personne qui ait été à même de voir la vie sous un aspect plus repoussant, personne qui ait pu emporter dans la tombe une aussi triste opinion de l'espèce humaine.

M. Rivereau causait volontiers avec moi de ce qu'il appelait ses mauvais jours. La confiance que j'avais été assez heureux pour lui inspirer le rendait très-communicatif. Dans ces circonstances, je dois l'avouer, j'usais largement de la liberté qu'il me donnait de le questionner; avec son aide, j'ai donc pu reconstruire cette période si curieuse à tant de points de notre histoire locale qui embrasse la révolution de 1848.

Je lui ai entendu raconter des anecdotes tellement bizarres sur cette époque, tellement invraisemblables, que j'ai été quelquefois obligé de les lui faire répéter, afin d'être certain d'avoir parfaitement compris ce qu'il me narrait. Une, entre autres, m'a frappé, et c'est une des moins scandaleuses; elle dépeint l'homme, l'administrateur, et la catégorie de gens auxquels il eut affaire.

C'était quelques mois après son installation comme sous-préfet. Un jour il reçoit de haut lieu une missive contenant un long réquisitoire où sa vie privée, sa vie publique, ses opinions politiques, son administration, étaient l'objet d'une attaque tellement sérieuse, tellement empreinte de vérité, qu'une protestation aussi énergique qu'instantanée devenait nécessaire. La pièce qui lui avait été adressée était l'original lui-même; la signature et l'écriture concordaient parfaitement, et étaient bien de la même main. Que faire? qu'auraient fait bien des gens placés dans la condition où se trouvait M. Rivereau? Démasquer le dénonciateur était chose facile en le livrant au mépris public. M. Rivereau agit tout autrement. Il avait conservé d'excellents rapports d'amitié avec celui qui l'attaquait d'une façon si lâche et si acerbe; il alla le trouver, et, feignant d'ignorer d'où partait le coup, au nom de l'amitié, il le pria de l'aider à rédiger une protestation qui fut écrite de la même main que la dénonciation, puis adressée à qui de droit. On pense bien que depuis cette époque M. Rivereau, au milieu des attaques qui continuèrent cependant à pleuvoir sur sa tête, put vivre tranquille. Chose plus singulière! il ne rompit pas commerce d'amitié avec celui qui avait failli attirer sur sa tête une disgrâce; je ne sache pas même qu'il lui ait donné lieu de jamais penser que sa conduite lui était connue.

La chute du gouvernement de Charles X, l'avénement de Louis-Philippe au trône de France, mirent en évidence à Loudun une génération sans antécédents. M. Rivereau était du nombre des plus ardents et des plus dévoués au bien commun; partout où l'administration réclama de l'aide et un désintéressement sans bornes, elle trouva M. Rivereau toujours prêt à la servir, à la seconder dans ses réformes, dans ses innovations. M. Delastre venait d'être nommé sous-préfet. M. Delastre, qui a marqué si dignement sa place au premier rang parmi les administrateurs de notre arrondissement, remarqua M. Rivereau; il se l'attacha et s'en servit.

Comme conseiller d'arrondissement, il lui confia souvent pendant ses congés, pendant ses absences, la direction de son administration. M. Rivereau, durant ces intérims, se montra toujours à la hauteur du poste qui lui était confié; aussi, lorsqu'il devint sous-préfet titulaire en 1848, la ville de Loudun recueillit-elle bien vite les avantages d'un tel choix.

Modéré en toutes choses, surtout en politique, M. Rivereau ne se laissa jamais emporter par la passion; dévoué au bien, surtout à ses amis, il lutta toujours courageusement contre le mal. Dans une circonstance bien terrible, dans la lugubre affaire du docteur Aubert, alors qu'un innocent était victime d'une de ces trames odieuses qui laissent après elles une tache ineffaçable dans l'histoire d'un pays, M. Rivereau aida de tout son pouvoir ceux qui entreprirent la défense de l'accusé. Je n'oublierai jamais l'indignation dont il était pris toutes les fois que cette question était mise en jeu, et je n'aurai garde d'oublier non plus avec quelles paroles si justes et si vraies il flétrissait du même coup celui qui fut l'organisateur caché de cette infamie, et l'abstention scandaleuse de ceux qui auraient dû se montrer dans cette circonstance tout autres qu'ils ne furent.

Président de l'Association pour les progrès de l'instruction primaire entre les instituteurs de l'arrondissement, M. Rivereau, dans cette fonction toute d'abnégation, se montra homme d'initiative, libre penseur, libéral, ainsi qu'on le disait à l'époque. Pendant dix années on le vit partager la tâche de ceux qu'il présidait, payant de sa personne, travaillant à stimuler le zèle de ceux qui étaient chargés de répandre dans les campagnes les bienfaits de l'instruction gratuite; il se fit professeur, il se chargea du cours d'histoire de France. J'ai sous les yeux en ce moment le programme qu'il se traça ; j'y retrouve tous les éléments de ces conférences publiques si utiles et si populaires dont nos grands centres de population sont dotés de nos jours. La tâche de M. Rivereau était, dans cette circonstance, d'autant plus délicate qu'il parlait devant un auditoire instruit et chargé lui-même d'enseigner la matière qu'il traitait.

Membre du comice agricole de Loudun, nous trouvons M. Rivereau au nombre de ceux qui coopérèrent dans une large part à établir les bases de cette institution. En 1835, M. Rivereau partage les fonctions de secrétaire avec M. Delphin Fradin. Vingt-cinq années plus tard, j'ai eu l'honneur de remplacer M. Rivereau à l'époque de la réorganisation du comice agricole de tout l'arrondissement. Moins heureux que lui, vivant au milieu d'une population où la discorde habilement semée par d'effrontés intrigants travaille à la ruine du pays, j'ai assisté à une de ces catastrophes que l'homme n'oublie jamais, car les événements de cette nature, en vous découvrant une des plus hideuses plaies de l'humanité, l'ingratitude, vous laissent au cœur d'ineffaçables souvenirs.

Le comice agricole, réorganisé sur de nouvelles bases, encouragé par le chef de l'administration départementale, M. Levert, qui chaque année à notre concours venait s'asseoir au milieu de nos agriculteurs qu'il encourageait de ses conseils et de ses récompenses, était arrivé à une prospérité sans égale.

Sa Majesté l'Empereur s'était inscrit en tête des bienfaiteurs de cette association essentiellement populaire. Deux années de suite, 1863 et 1864, une médaille d'or et une somme d'argent furent adressées en son nom au président du comice. En 1865, Son Excellence le ministre de l'agriculture lui faisait remettre une prime exceptionnelle. Son Excellence le prince de la Tour d'Auvergne, ambassadeur à Londres ; le baron Lejeune, écuyer de Sa Majesté l'Empereur ; M. de Soubeyran, sous-gouverneur du Crédit foncier de France, député de la Vienne ; le vicomte de Montesquiou, riche propriétaire du Loudunais, etc....., se montrèrent également jaloux de venir en aide à l'agriculture dans un pays où elle est l'unique base de la prospérité publique. Mais, hélas! partout où se trouve le bien, le mal apporte son contre-poids. Au moment où le président du comice allait convier nos quatre cantons à se réunir de nouveau à Loudun, attirés dans un guet-apens sans nom, nous avons tous vu se dérouler devant nos yeux une suite non interrompue de faits extraordinaires où la brutalité et le fanatisme se donnaient la main. Trahi indignement, trahi par ceux-là même sur l'amitié et la reconnaissance desquels le docteur Gilles de la Tourette avait tout lieu de compter, n'écoutant que la voix de la modération, au lieu d'engager une lutte qui ne pouvait que venir compliquer les difficultés de toute nature qui éclosent chaque jour dans notre pauvre ville, il rentra dans l'ombre, mettant en pratique cette belle maxime du duc de Levis :

Lorsque la résistance est inutile, la sagesse se soumet, la folie s'agite, la faiblesse se plaint, la bassesse flatte, la fierté supporte et se tait.

M. Rivereau fut un de ceux chez lesquels j'ai trouvé les plus sages conseils, et aujourd'hui combien je lui sais gré d'avoir imité la sagesse de mon père, alors que la presse m'offrait tant de moyens de donner une scandaleuse publicité à cette comédie!.....

Membre du conseil municipal de 1830 à 1848, époque de son installation comme sous-préfet, il serait trop long de donner ici la nomenclature des commissions dont il fit partie, de suivre M. Rivereau au milieu de ces questions multiples qu'il eut mission de traiter et à la solution desquelles il prit part.

Nous avons eu à Loudun et nous avons encore, grâce au Ciel, des orateurs. Le style c'est l'homme, a dit Buffon. Pour juger les hommes de ce pays, j'ai donc rassemblé le plus qu'il m'a été possible de ces pages où le caractère se reflète.

J'ai surtout étudié la période à laquelle a donné naissance 1848; à cette époque, les Démosthènes pullulaient. J'en connais plus d'un aujourd'hui qui, satisfait, repu et silencieux, ne serait peut-être pas très-flatté si je mettais devant ses yeux ces fougueuses improvisations empreintes du patriotisme par trop incandescent dont son cœur était embrasé.

1848 trouva M. Rivereau calme et convaincu, tel que la génération à laquelle j'appartiens l'a connu. Modéré dans l'expression de ses opinions personnelles, M. Rivereau avait eu cependant son moment de foi politique ardente, son heure d'aspiration puissante et généreuse dans la réforme et dans sa mise en pratique.

J'en trouve un exemple en copiant l'allocution que prononça M. Rivereau à la cérémonie funèbre du brave A. Chauvet, mort à Nantes, à cette cérémonie du 12 décembre 1830 où Lóudun tout entier se montra jaloux d'honorer le dernier rejeton d'une de ses plus grandes célébrités.

« Des princes qui nous avaient été imposés par l'étranger » nous donnèrent à regret une liberté qu'ils avaient juré de » détruire quand l'occasion s'en présenterait; mais tel est » ton empire sur un cœur vraiment français, ô liberté! qu'à » peine un roi parjure a-t-il brisé les liens qui l'unissaient à la » France, qu'aussitôt elle saisit ses armes, tout Paris se lève » comme un seul homme, et trois jours suffisent pour renver- » ser cette royauté du droit divin! Les fiers Bretons imitent » l'exemple de la capitale; Nantes s'est levé pour la liberté : » O toi, Chauvet! toi, noble ami que nous pleurons! toi dont » l'âme généreuse et fière s'indigne au nom d'esclavage, tu » parcourais en armes des rues qui bientôt devaient être teintes » de ton sang! tu les faisais entendre ces cris si chers à la » France! tu jurais de mourir pour la liberté, quand de vils » séides de l'obéissance passive vinrent te frapper d'un plomb » homicide! Tu tombes et meurs. Pleurons, mes amis, pleu- » rons Chauvet, il était digne de nous et de la France!

» Et toi, famille infortunée! toi dont une fille chérie faisait » naguère le bonheur, tu l'as perdue! Il ne restait plus qu'un

» fils. Il repose dans la tombe ; console-toi, il est mort pour la » patrie !

» Adieu, Chauvet ! adieu, digne ami ! Puisse la couronne » dont nous ombrageons ta tête, puissent le tombeau que nous » élevons à ta mémoire et les honneurs que nous te rendons » être un témoignage digne de nos regrets et de ton courage !

» Adieu ! »

Ce discours, qui payait un tribut à la patrie, à l'amitié, est, je crois, le premier que M. Rivereau livra à la publicité.

L'homme a vieilli, les idées ont mûri avec l'âge. Le 14 août 1848, à la distribution des prix du collége, M. Rivereau, qui présidait cette fête dans la salle des pas perdus du Palais de justice de Loudun, au milieu d'une affluence dont notre ville n'a pas eu d'exemples depuis, dans une allocution où la modération des idées marche de pair avec l'élévation des sentiments, choisit pour texte le thème suivant :

C'est le concours heureux de toutes les facultés morales et matérielles qui fait le bonheur de l'homme ; car quand chacun dans sa sphère d'activité travaille, la société ne voit jamais surgir ces idées subversives qui, grossissant comme la tempête, viennent un jour fondre sur elle pour en détruire l'harmonie.

Deux ans plus tard, en 1850, à une solennité semblable, M. Rivereau, abandonnant le discours politique, entretenait son jeune auditoire de l'histoire de la langue française... Dans cette circonstance, comme précédemment, M. Rivereau se montra à la hauteur de son sujet.

M. Rivereau, en prenant sa retraite comme sous-préfet de l'arrondissement de Loudun, s'était complétement retiré des affaires, persuadé qu'il vaut mieux quitter les honneurs que de se voir abandonné par eux.

Rentré dans la vie privée, M. Rivereau n'en continua pas moins à se rendre utile à qui venait réclamer son aide et ses bons avis.

M. Rivereau s'est éteint lentement sous l'action destructive d'un ramollissement du cerveau, à deux heures du matin, le 8 avril 1868.

Le cortége qui escorta M. Rivereau à sa dernière demeure fut des plus nombreux; les services qu'il avait rendus au pays n'étaient point encore effacés du souvenir de la population; la position élevée et toute de sympathie qu'a su se créer dans le Loudunais la famille du défunt fit un devoir à chacun de se joindre aux parents, aux autorités, aux amis du mort.

Comme ancien sous-préfet, comme membre de la Légion d'honneur, M. Rivereau devait être escorté par un piquet d'honneur choisi dans la compagnie des pompiers loudunais et par quatre légionnaires.

Le piquet d'honneur fut exact au rendez-vous. Pour les légionnaires, ce furent MM. le commandant Chopelet, le commandant Croué, Balleyguier, ancien capitaine de zouaves en Afrique, et Doutreleau, lieutenant de gendarmerie, qui tinrent les cordons du poêle.

N'eût-il pas mieux valu que M. Rivereau, décoré pour services administratifs, eût été escorté par quatre légionnaires choisis dans cette catégorie? Mais, hélas! la Légion d'honneur est rare à la boutonnière civile des Loudunais : deux seuls en sont porteurs dans l'arrondissement tout entier..... Or tous les deux manquaient à la cérémonie : l'un put prétexter ses infirmités; l'autre n'y vint pas, il fit bien: là n'était pas sa place.....

Loudun, 1er mai 1868.

PARIS. TYPOGRAPHIE DE HENRI PLON, IMPRIMEUR DE L'EMPEREUR,
8, rue Garancière.

www.ingramcontent.com/pod-product-compliance
Lightning Source LLC
LaVergne TN
LVHW010256230826
846091LV00007B/3004

9782011787941